Acaba con la procrastinación

Cómo desarrollar una fuerza de voluntad de acero para no procrastinar

Steven T. Walker

Galatea Ediciones

Acaba con la procrastinación. Cómo desarrollar una fuerza de voluntad de acero para no procrastinar, por Steven T. Walker.

© Steven T. Walker 2021
© Galatea Ediciones 2021
© Todos los derechos reservados

Gracias por adquirir este libro. El copyright es propiedad exclusiva del autor. No se permite su reproducción, copiado ni distribución ya sea con fines comerciales o sin ánimos de lucro.

Si este manual te es de utilidad, te agradecería muchísimo si lo calificaras en Amazon. Tu apoyo me sirve para seguir escribiendo.

Obtén GRATIS en tu correo un *e–book* de tu elección.

Califica este libro en Amazon y manda la captura de pantalla o foto de tu calificación al siguiente correo: cybersapiensmail@gmail.com

¡Es todo! En menos de dos días recibirás en tu correo una lista de *e–books* de la que podrás escoger uno para que te sea enviado TOTALMENTE GRATIS.

Índice

PRÓLOGO 9

INTRODUCCIÓN 18

TIPOS DE PROCRASTINACIÓN 20

    PROCRASTINACIÓN MONETARIA 20
    PROCRASTINACIÓN MÉDICA 22
    OTROS TIPOS DE PROCRASTINACIÓN 24

PROCRASTINACIÓN, UN MONSTRUO DE MUCHAS CARAS 26

    PERFECCIONISMO 27
    MIEDO A DECEPCIONAR 27
    RECHAZO A LA AUTORIDAD 29
    CONFÍAS DEMASIADO EN TUS CAPACIDADES 30

ESTRATEGIAS PARA COMBATIR LA PROCRASTINACIÓN 32

    ELABORA LISTAS 34
    ¿QUÉ ES LA ESPIRAL DEL ÉXITO? 36
    ESTABLECER UN MARCO PARA EL TRABAJO 39
    RESISTE LAS TENTACIONES 40
    TÉCNICA POMODORO 42
    ADMINISTRA TUS ENERGÍAS 45
    INSPÍRATE EN TRIUNFADORES Y SIGUE SUS PASOS 46
    BUSCA GRUPOS QUE POTENCIEN TUS HABILIDADES 48
    ¿QUÉ ES UN *ACCOUNTABILITY BUDDY*? 49
    RECOMPENSARTE POR TUS TRIUNFOS 52
    REPLANTEAR LO QUE HACEMOS 55
    CREA NUEVOS HÁBITOS 59
    UTILIZA LA PROCRASTINACIÓN A TU FAVOR 63
    PEQUEÑOS OBSTÁCULOS 66

CONCLUSIÓN 67

Acaba con la procrastinación

Cómo desarrollar una fuerza de voluntad de acero para no procrastinar

Steven T. Walker

Galatea Ediciones

Prólogo

Antes de hablar sobre procrastinar, y profundizar sobre un tema que tanta relevancia está teniendo en nuestros días, me gustaría comenzar con una pequeña historia que nos acompañará a lo largo del libro.

Dos redactores periodísticos, que acostumbraban trabajar cuatro horas diarias en una cómoda oficina en el centro de la ciudad, se veían obligados a dedicar una hora para llegar a su centro de labores, donde trabajaban haciendo llamadas y redactando noticias el tiempo que duraba su jornada laboral, y una hora más de tiempo para tomarse el transporte público de vuelta a casa.

Con ese ritmo de trabajo, ambos lograban redactar un promedio de tres noticias semanales, que se publicaban en formato *newsletter* todos los sábados; hasta que, de forma repentina, una pandemia modificó por completo sus costumbres.

Para evitar que los empleados corrieran el riesgo de contraer el virus, se les dio la posibilidad de trabajar desde su hogar, evitando de esa manera exponerse al transporte público y a pasar cuatro horas compartiendo espacio en una apretada oficina.

Lo único que se les pedía era que todos los viernes tuvieran cargados los tres artículos correspondientes a esa semana de trabajo; un ritmo similar al que ya estaban acostumbrados. Al principio, todos los trabajadores se sintieron cómodos y agradecidos, puesto que aquello significaba hacer una mejor gestión de sus tiempos, trabajar de forma más eficiente e incluso liberarse antes.

Uno de nuestros protagonistas, llamémosle "Prometeo", desde la primera semana comenzó a obtener rendimientos increíbles. Fiel a su costumbre, continuó despertando a las seis de la mañana, y tras desayunar y encargarse de su aseo personal, en vez de salir a tomar el transporte público, daba inicio a la redacción de sus artículos semanales.

De esa forma, su jornada laboral comenzaba una hora antes y pudo prolongarse una hora más de lo habitual, ya que tampoco tenía que tomar el transporte de regreso.

Fue así como el trabajo de la semana comenzó a estar listo los días miércoles o jueves, haciendo que Prometeo gozara de nuevas libertades para continuar con sus estudios universitarios, hacer deporte en casa, leer novelas y muchas otras actividades que no podía realizar con su antiguo horario de oficina. Sin duda, el cambio de horario y la nueva modalidad de flexibilización laboral hicieron que su vida cambiara de forma sustancial para bien.

Con el tiempo, incluso pudo comenzar la redacción de un libro, actividad para la cual tenía tanto el potencial como la habilidad gracias a tantos años elaborando diversos textos.

Es así como decidió aprovechar esas horas adicionales para concretar sus primeras publicaciones de manera eficiente, lo que le permitiría gozar de una mayor estabilidad económica.

Prometeo fue el trabajador en el que yo creí que me convertiría. Lamentablemente, Prometeo no existió hasta pasado muchos meses de haber sumado fracasos.

Lo cierto es que las cosas no resultaron tan fáciles luego de comenzar con el *home office*. Aún recuerdo ese primer lunes cuando sonó el despertador. La lógica indicaba que, si había sido capaz de levantarme por tantos años a las seis de la mañana para llegar temprano a la oficina, podría hacer lo mismo para trabajar en casa.

En vez de eso, lo primero que pensé fue que, como ya no tenía la obligación de llegar a las ocho de la mañana, podía dormir una hora extra; así que opté por dormir hasta las siete.

Cuando me desperté nuevamente, a las siete, ya había llegado el momento de arrancar. Pero en vez de comenzar rápidamente con mis actividades, me quedé en la cama por unos minutos más. Aproveché para revisar mis *e–mails* y mis redes sociales, pero después de un rato se me ocurrió una brillante idea.

Al trabajar desde casa, no solo estaba ahorrando una hora de transporte para ir a la oficina, sino que ganaba una hora adicional, la correspondiente al viaje de regreso. Fue así como nuevamente decidí dormir una segunda hora extra.

Cuando al fin me levanté, y luego de bañarme y desayunar, caí en la cuenta de que, si bien ya tenía que haber comenzado con mi horario laboral, no había quien me controlara. Si yo siempre fui capaz de terminar incluso antes de tiempo mis redacciones semanales, no tenía por qué sentirme presionado. Después de todo, este era el primer día del resto de mi vida, una bisagra que me iba a permitir una transición hacia el éxito y a un mejor estilo de vida. Pensé que me merecía terminar mi desayuno con calma, ver las noticias y después de eso comenzar a trabajar.

Tras enterarme de todo lo que ocurría en el país

y el mundo, ya estaba listo para sentarme ante la computadora y empezar a redactar. Pero, en vez de abrir Drive y crear un nuevo documento de texto, comencé por Facebook e Instagram, y luego seguí con YouTube para escuchar un poco de música.

Fue así como trabajé más disperso que nunca: el tiempo parecía infinito, así que aproveché en ver los resultados de la liga de fútbol y también los de la Fórmula.

Tras largas horas sin hacer nada, llegó el momento de atender mis siguientes obligaciones, por lo que cerré el documento en blanco y me conecté a mis clases virtuales. Entonces me dediqué el resto de la tarde a mis estudios universitarios. Ese primer día de trabajo en casa fue completamente estéril, pero no sentí ni un poquito de culpa; mi trabajo no era para nada difícil y podía cumplir con mi cuota semanal en los días venideros.

El segundo día no fue muy distinto al primero. Solo que, en esta ocasión, ya había programado la alarma para dormir sin interrupciones hasta las nueve de la mañana.

Una vez arriba, me bañé, desayuné y nuevamente invertí casi una hora extra en leer las noticias antes de comenzar con la jornada laboral.

Pero era martes, y una vez más las excusas fueron más fuertes que las obligaciones. Hacía mucho tiempo que no limpiaba mi hogar, y si ahora tenía que trabajar ahí, resultaba imprescindible que estuviera en óptimas condiciones. Por eso limpié cuidadosamente cada rincón, aunque después decidí tirar las cosas que ya no usaba. Revisé el cobertizo y mi armario, tiré la ropa vieja, organicé las cosas que ya no usaba y, cuando quedó todo impecable, me senté para empezar con mi trabajo. Sin embargo, como la luz entraba por un hueco en mis cortinas viejas, decidí aprovechar la última hora antes de mis clases virtuales para salir a buscar cortinas nuevas. Por segundo día consecutivo aplacé la jornada laboral.

Esa misma noche, organicé un juego de póker con unos amigos que hace tiempo no veía, a todos les había escrito durante las horas de trabajo por diferentes redes sociales. La partida se extendió más de lo planeado y, de igual manera, me quedé hasta que se me terminaron las fichas y las cervezas.

Después de todo, solo tenía que escribir tres artículos que por lo general me llevaban 6.3 horas cada uno en promedio. Si durante las mañanas del miércoles, del jueves y del viernes nuevamente empezaba a despertar a las seis de la mañana, y lograba dedicar las seis horas de trabajo que podía invertir en la redacción de los artículos, todo debería estar terminado para el viernes.

Pero el miércoles no escuché mi alarma. Me había acostado a las cinco y cuarto y no me percaté de que el despertador sonó incansablemente a las seis, a las seis y cinco, a las seis y diez y a las seis y cuarto.

Cuando al fin desperté con el sol de las doce, todo comenzó a hacerse cuesta arriba. El baño matutino fue suspendido, el desayuno lo comí sobre la computadora, por lo que no pude disfrutarlo. Las ideas parecían no llegar a mi cabeza, que se nublaba aterrorizada por el paso del tiempo, y eso comenzaba a enloquecerme.

El celular sonaba y solo se me ocurría que podía tratarse de mis jefes, pidiéndome progresos de mi trabajo. La computadora parecía andar más lenta que nunca y las entrevistas que tenía que realizar no estaban disponibles, cosa que, si bien era algo que solía ocurrir, en esos momentos me exigía reprogramarlas, y ya no tenía tiempo para hacerlo.

No había margen de maniobras, había que hacer todo rápido y recuperar el tiempo perdido, pero todo se tornaba difícil.

Al terminar la jornada de trabajo, en que las horas no habían rendido como hubiese querido, todas las actividades tuvieron un gusto amargo. Tomaba mis clases virtuales con culpa, pensando en que podría estar ganando las horas perdidas, incluso modifiqué mis rutinas nocturnas, ya que acostumbraba a correr, leer un libro o ver una película antes de dormir.

Pero como sentía que no tenía tiempo, que estaba apurado y que no lo merecía, dejé de lado esas actividades con la excusa de que, si me acostaba temprano, podría recuperar las horas perdidas a la mañana siguiente.

Pero no pude dormir. Cada quince minutos revisaba las mismas cosas en el celular: Instagram, Facebook, YouTube, noticias; nada había cambiado, y los minutos solo siguieron avanzando.

Me acomodaba en la cama, intentaba dormir una vez más, pero a los quince minutos lo repetía: Instagram, Facebook, YouTube, noticias. Todo era lo mismo, pero ya estaba atrasado otra vez, tenía que dormir. Al fin, tras ver el celular tres veces más, pude dormir unas horas.

Al día siguiente, de nuevo intenté trabajar a un ritmo que me permitiera recuperar las horas perdidas, pero, una vez más, no desayuné bien y coordinar las entrevistas no fue nada fácil.

Logré terminar el primer artículo, pero ni siquiera me tomé la molestia de releerlo, ya que rápidamente empecé con el siguiente. Escribo rápido, busco a quien esté disponible, avanzo con nuevas entrevistas y hago lo posible por recuperar las horas perdidas.

No tuve tiempo de terminar el segundo artículo antes de empezar con mis clases virtuales, por lo que minimicé el Zoom y solo escuché lo que se decía, de fondo, mientras terminaba con mi trabajo. Por supuesto que de poco sirvió. No solo no estaba escribiendo al cien por ciento de mi capacidad, sino que no escuché ninguna sola palabra de la clase. "La escucharé durante el fin de semana", me dije, y escribí a mi supervisor que ya estaba cargando los primeros dos artículos.

El día viernes, cuando estaba por comenzar con la redacción del tercer y último artículo, leí un mensaje que me había mandado mi supervisor. Era bastante extenso, pero, en resumen, decía que no me molestara en realizar el tercer artículo, y que emplee la jornada del viernes para corregir y trabajar más en los dos primeros, cuyo nivel estaba por los suelos. Finalmente, que la semana próxima recuperase el trabajo no cumplido.

No fue nada fácil arrancar el día con un llamado de atención como ese, tampoco sabiendo que seguía atrasado con los artículos y las clases, y que la semana siguiente tendría más trabajo.

Tras invertir largas horas, con un rendimiento mucho más bajo de lo que acostumbraba, logré entregar los dos primeros artículos, pero para eso nuevamente tuve que faltar a mis clases. Esta vez ni siquiera me molesté en abrir el Zoom.

La culpa fue tanta que preferí de nuevo no ver ninguna película, tampoco pude salir a correr, pensando en las clases que debía recuperar. Aunque como el fin de semana era largo, tampoco me dispuse a comenzar.

La semana siguiente repetí mis nuevos vicios;

dormía tarde, vivía con culpa, no salía a correr porque no podía gastar tiempo, pero mis horas delante de la pantalla eran cada vez menos productivas.

Escribía mientras las clases virtuales se desarrollaban, pensaba en mi carrera a la vez que trabajaba. Por otro lado, me distraía con redes sociales y juegos banales y repetitivos porque pensaba que eso me demandaría menos tiempo que salir a ejercitarme, leer o ver una película.

En la facultad comenzaron a programar las fechas de parciales y, obviamente, junto con ellas llegaron las malas calificaciones, ya que vivía aplazando los estudios. En el trabajo me seguían recriminando mi desempeño mediocre, por las noches no dormía y la alarma del despertador la programaba cada vez más temprano, aunque eso no se tradujese en más horas de trabajo.

Fue así como perdí el semestre, no logré invertir ni una sola hora en el libro que tanto deseaba y fui obligado nuevamente a asistir a la oficina y cumplir ahí mi horario de trabajo, esto en represalia por mis últimos y pobres artículos.

Me di cuenta de que había perdido una oportunidad dorada. La oportunidad de ser Prometeo, y avanzar con fuerza en mis objetivos y mejorar mi calidad de vida.

Me costó varios meses recuperar la vida que tenía. La psicóloga de la empresa me ayudó bastante y me recomendó volver a mis lecturas, a hacer ejercicio, y a ponerles un horario a mis redes sociales.

Después de mucho trabajo, logré construir nuevos hábitos que me permitieron optimizar mis jornadas laborales, de estudio, y las horas del día.

En lo personal, tuve suerte de que la paciencia de mi supervisor no fuese infinita y me obligara a recuperar las riendas de mi trabajo fijo. Pero cuando hablamos de actividades que nadie te obliga a hacer, esta situación llega a ser mucho más grave.

Cuando lo que realmente quieres hacer depende solo de ti y no hay nadie que te incentive a ir hacia adelante, ya sea para escribir un libro, comenzar un negocio propio o simplemente invitar a salir a esa chica que te gusta, es cuando procrastinar se vuelve realmente peligroso.

Hay quienes se pasan la vida entera aplazando sus sueños, y cuando se percatan que la fecha límite está cerca, ya es muy tarde. Se dan cuenta de que poco a poco se les pasó la juventud, los años y la vida por no decidirse a empezar.

Introducción

Lo primero que debemos hacer antes de hablar sobre cómo evitar la procrastinación, o aprender algunas estrategias que podríamos aplicar para liberarnos de sus garras, es tener bien en claro qué es lo que se conoce como procrastinar.

Si bien la palabra viene del latín "pro", que significa "delante de", y "crastinus", que significa "del día de mañana", aquella definición literal de hace siglos se fue volviendo cada vez más compleja y abarcadora.

En muchas ocasiones, la vida misma nos demanda un poco de paciencia, autocontrol y postergar actividades en favor de una lista de prioridades. Lo que en un sentido literal significa que procrastinamos.

Pero en los últimos siglos la palabra comenzó a ganar nueva circulación e importancia, y fue porque a su definición se le realizó un pequeño ajuste que transformó una palabra equiparable con "esperar" en un concepto mucho más negativo: "posponer tareas de forma voluntaria pese a ser conscientes de que ese aplazamiento va a perjudicarnos en un futuro".

Es decir, ya no se trata de una simple espera, como quien aplaza sus ejercicios hasta la noche para no sufrir en exceso el calor, sino que, para ser considerado procrastinar, deberíamos estar actuando en contra de aquello que sabemos que nos conviene.

Por ejemplo, saber que estudiar con anticipación para un parcial nos permitirá llegar más preparados y contar luego con más tiempo libre en el futuro, e igual no hacerlo, perjudicándonos a nosotros mismos.

Incluso si somos de llegar demasiado temprano a todos lados, en parte se podría considerar que estamos procrastinando. Muchas veces, para no comenzar a hacer tareas que pueden resultar aburridas o estresantes, como barrer la casa, regar las plantas o hacer algunos deberes, nos excusamos diciendo que estamos muy ocupados y salimos con antelación al trabajo o a nuestros compromisos.

De esa forma, podremos tomar un café, hablar con los colegas, chequear nuestras redes sociales y dilatar un poco los tiempos sin sentir culpa por los deberes que no estamos cumpliendo.

En dicha situación, también estamos procrastinando. Porque si bien hicimos aquello que resulta prioritario, incluso antes de tiempo, seguimos aplazando tareas y responsabilidades que pueden no ser tan importantes, pero que tarde o temprano tenemos que hacer.

Es así como la procrastinación no se trata solamente de aplazar nuestras tareas y responsabilidades, sino más bien de una actitud que no nos permite ser tan productivos como podríamos. Cuando somos capaces de excusarnos a nosotros mismos para evitar avanzar con las tareas que consideramos necesarias, y que a la larga comenzarán a pesarnos.

Tipos de procrastinación

Si bien la idea de procrastinar es una sola, existen diferentes formas en las que puede repercutir en nuestra vida, cada una de ellas con consecuencias propias que pueden llegar a ser más o menos corrosivas, dependiendo de múltiples factores.

Es decir, si eres millonario, atrasarte con los impuestos y pagar un sobrecargo en algunas facturas puede no ser tan perjudicial para tu nivel de vida como dilatar los tiempos que deberíamos dedicarle a nuestra familia o salud. Pero eso dependerá de cada persona, por lo que, sin indicar qué tipo de procrastinación pesa más que otra, simplemente mencionaré algunos de sus tipos más comunes.

Procrastinación monetaria

La procrastinación monetaria se da cuando el posponer nuestros deberes comienza a causarnos perjuicios económicos, que afectan a nuestra estabilidad financiera o que simplemente no nos permiten ganar tanto dinero como podríamos.

Un caso muy común que se repite entre los egresados de las diferentes universidades es que nunca se toman el tiempo para elaborar su tesis. Si bien invirtieron cinco o seis años estudiando en la universidad, atrasar la presentación de este trabajo final origina que en muchas ocasiones nunca lleguen a cobrar los adicionales por el título.

Después de todo, ya trabajan ejerciendo su profesión, así que la tesis se puede presentar en cualquier momento. Lamentablemente, ese momento, que bien podría ser en ese mismo semestre, por lo general suele ser programado para el siguiente año, y luego el próximo, y luego el próximo.

Lo mismo suele ocurrir con las personas que tienen el deseo de emprender un negocio propio o trabajar de forma independiente. Al tratarse de tareas que podemos comenzar en cualquier momento, mucha gente siente la tranquilidad de saber que no está obligado a apurarse, por lo que siempre se puede esperar un poco para estar lo suficientemente preparado.

Imaginemos que queremos abrir una bicicletería. Pensamos en las necesidades básicas que debemos solucionar y compramos los insumos para hacerlo; quizá unos parches, cámaras de repuesto, herramientas, inflador, entre otros elementos.

Cuando creemos estar ya listos, quizá lo pensamos mejor y concluimos que no estamos lo suficientemente preparados. Entonces dedicamos un mes adicional para tomar clases por YouTube y aprendemos nuevas técnicas que nos pueden ser de utilidad.

Una vez terminada la capacitación, descubrimos que no tenemos ningún elemento para vender en caso de que se quiera equipar una bicicleta. Para que el cliente se vaya conforme quizá tenemos que ofrecerle pegatinas, cubreasientos, bocinas y ornamentos.

Así hay quienes dilatan tanto sus tiempos que, llegado el momento, logran equiparse con todo lo necesario, pero siguen sin poder abrir la puerta de su cochera y sacar un cartel a la calle ofreciendo servicios de bicicletería.

Y siguiendo esta misma lógica, también hay quienes aplazan sus aportes pensionarios, el pago de sus impuestos, comenzar a ahorrar y muchas otras actividades que, de no regularizar a tiempo, pueden llegar a ser altamente corrosivas para nuestro futuro.

Procrastinación médica

Si bien respecto a la economía elegimos procrastinar, y muchas de sus consecuencias se observan en el corto y mediano plazo, imaginemos ahora hacerlo en lo relacionado a nuestra salud, en que las consecuencias podrían tardar décadas en llegar.

No resulta para nada difícil comprender que alguien elija aplazar sus chequeos médicos. Después de todo, la situación comienza a estresar desde que pensamos en cada uno de los procedimientos previos que tendremos que cumplir antes de poder concluir satisfactoriamente con dicha evaluación.

Entre otras cosas, empezamos con la cita que debemos sacar para que nos atiendan, esa llamada puede demorar hasta una hora y la fecha que nos dan podría ser recién para dentro de un mes, con mucha suerte.

Pero seríamos afortunados si termina ahí, porque de seguro le seguirán otros exámenes, eso significa nuevas citas, trámites y fechas a agendar. Sin olvidar lo más importante, nuevamente tendríamos que esperar mucho tiempo para que estén listos los resultados de nuestros análisis.

Por último, volver al médico a que confirme

que todo está bien. Después de todo, ¿por qué no lo estaría si me siento sano?

Si probablemente no tengo nada, ¿no conviene quedarme en casa y adelantar otros asuntos importantes?

Desde ya les adelanto que la respuesta es no. Hay estudios médicos que tenemos la obligación de realizar con frecuencia, por lo menos una vez al año, por lo que, si lo vemos así, no parece mucho tiempo en absoluto.

Incluso si fuese a llevarnos todo el día durante un par de jornadas, siguen siendo tan solo dos días en un año. No es que lograrás cambiar tu vida y convertirte en una persona responsable, aplicada o más culta solo por dedicar ese tiempo que utilizamos para realizar controles médicos en otras banalidades que de pronto se nos ocurren a modo de excusa.

Como agravante, el que es procrastinador suele arrastrar ese vicio a cada una de sus otras responsabilidades, que en muchas ocasiones pueden ser la explicación de distintas patologías completamente evitables.

Por ejemplo, sutilezas como cocinar comida sana, salir a correr e incluso lavarse los dientes tres veces al día. Cuando una persona procrastina, suele interponer otras actividades para evitar incluso actos mínimos que pueden causar importantes repercusiones en su vida futura solo por el placer de ahorrarse unos minutos de actividades que le parecen una carga.

Admitámoslo, lavarse los dientes y usar hilo dental no nos demanda más de cinco minutos al día. No obstante, estas personas son un peligro sanitario y, como interponen frecuentemente los placeres a corto plazo, no ven un panorama más amplio que les permita analizar cómo va a repercutir su accionar en el largo plazo. No es de sorprender que a menudo prefieran dormir un minuto extra a lavarse los dientes antes de hacerlo.

¿Pero saltarse el hilo dental es tan grave? Para conocer más sobre cómo puede afectar a nuestra salud un descuido como ese, le pregunté a mi dentista por el peor caso que había visto. Se acordó de un paciente cuyos dientes estaban completamente cubiertos de una espesa capa de sarro, tan espesa que formaba una pared sólida. Me enseñó una fotografía que hasta el día de hoy me hace pensar en que haber aceptado verla no fue mi mejor idea.

Otros tipos de procrastinación

Si bien no seguiré profundizando en otros tipos de procrastinación –ya que los hay de todo tipo–, resulta importante mencionar que cada uno de ellos es un potencial riesgo que como mínimo atenta contra nuestra calidad de vida.

Hay aspectos menores en los que procrastinar puede alterar todo nuestro entorno pese a que ni siquiera estemos economizando minutos de nuestro día.

Conozco el caso de un procrastinador amigo, quien, cuando necesita utilizar una vajilla, debe lavarla antes porque todas las que tiene están en el lavabo esperando. Por un momento pensé que se trataba de un caso puntual que justo se dio cuando fui a visitarlo, pero no, siempre que iba a su casa las vajillas llenaban el lavabo.

Si profundizamos en este caso, caeremos en la

cuenta de que lavar un plato, una olla y dos cubiertos demanda la misma cantidad de minutos que si lo hacemos antes o después de utilizarlos. Es decir, ni siquiera se está economizando tiempo alguno, solo se obliga a vivir entre los platos sucios por aplazar un par de horas algo que deberá hacer de todas formas.

En el caso de que se tenga hijos o mascotas, resulta muy importante que hagamos un esfuerzo adicional, ya que nuestros vicios son propensos a lastimar a otros seres vivos que, por alguna razón, confían en nosotros.

Si tienen un perro, un gato o un pez, es importante recordar que sus metabolismos funcionan mejor si son alimentados con una frecuencia regulada todas las veces, la misma cantidad y a la misma hora. También es importante recordar que, entre nuestras responsabilidades, la obligación de asearlos no debe tener excusas.

Si bien una mascota suele ser adorable, en las manos de un procrastinador puede convertirse en el peor enemigo del hogar. Puede ser debido al mal olor o los pelos que botan, aunque claro, también están quienes procrastinan sus cuidados y, como los dejan encerrados en el patio, terminan siendo animales con un nivel de vida muy deplorable.

Si tienes un hijo, la situación se hace más delicada. En ese caso ya no alcanza con alimentarlo, bañarlo y cuidarlo, también resulta imprescindible jugar con ellos, ayudarlos en sus deberes e invertir mucho pero mucho tiempo en ellos. Los efectos a largo plazo, si procrastinamos nuestras responsabilidades con un niño, pueden ser en verdad lamentables.

Procrastinación, un monstruo de muchas caras

Muchas veces las personas que experimentan la procrastinación, en realidad, están sufriendo toda clase de miedos, y son estas inseguridades las que los llevan a postergar sus actividades más importantes.

No obstante, entre más tiempo se posterguen sus responsabilidades y obligaciones, más difícil comienzan a parecer las mismas, y a menudo van tejiendo un entramado imaginario que hace que los temores crezcan cada vez más.

Es como si el mismo miedo fuera un pozo en el que están metidos, y cada minuto que pasan ahí su mente se encarga de hacer un poco más profundo ese pozo.

A continuación, repasamos los perfiles de procrastinadores más comunes para que puedas identificar si tu patología es consecuencia de alguna de las siguientes causas; así tendrás un mayor número de herramientas que puedan serte de utilidad a la hora de revertir el problema. Incluso si en el fondo te da tranquilidad saber que existen más personas que atraviesan por las mismas preocupaciones, esta descripción también te será de utilidad.

Perfeccionismo

Entre los perfiles más comunes está el del perfeccionista, quien como norma no soporta la idea de que una tarea esté mal ejecutada.

Este tipo de personas, siempre y cuando se encuentren ante la posibilidad de hacer un trabajo perfecto, probablemente no tengan problemas en realizarlo. Ahora bien, cuando se enfrentan a un desafío que saben que no podrán afrontar con el grado de excelencia que les gustaría, es muy común que empiecen a darse excusas y, en consecuencia, a postergarlo.

Es así como, aplazando estas tareas, el perfeccionista podrá seguir enfocado en aquellas labores en las que destaca, obteniendo resultados perfectos y sintiéndose satisfecho consigo mismo. Lamentablemente, no podemos aplazar nuestras tareas menos eficientes para toda la vida, al menos no todas ellas.

Miedo a decepcionar

Otra de las causas más comunes que se esconde detrás de la procrastinación es el miedo a decepcionar a nuestros jefes, nuestra familia y básicamente a todo nuestro entorno cercano.

Este temor de no cumplir con las expectativas que, creemos, existen sobre nosotros, muchas veces nos lleva a no hacer nada, ya que, de hacerlo, corremos el riesgo de defraudar a aquellos que nos dieron su confianza.

En este punto, nuevamente nuestro cerebro nos juega en contra, ya que, al aplazar nuestras responsabilidades, lo más seguro es que nuestros temores comiencen lentamente a hacerse realidad. Pero no será culpa de nuestra falta de capacidad o de talento, sino más bien por la presión que solemos ejercer sobre nosotros mismos.

Incluso existe un trastorno psicológico que muchas veces explica esta clase de comportamientos. Se trata del "síndrome del impostor", y se da principalmente en aquellas personas que tienden a minimizar y no ser conscientes de todo su potencial, sus talentos y habilidades.

Es por eso que cuando se les encarga una actividad, un puesto laboral o un proyecto muy importante, se sienten como unos impostores y piensan que, de continuar por ese camino, van a ser descubiertos y quedará en evidencia que no estaban listos para ese trabajo.

En la mayoría de las ocasiones, quienes sufren de este síndrome suelen ser personas muy capaces pero inseguras, y por temor a perder lo conquistado no se animan a continuar escalando.

Imaginemos a un estudiante universitario que aprobó todas sus materias y ahora solo debe presentar la tesis. Si aprobó todas las materias, se entiende que está más que calificado para realizar una presentación de las características exigidas. Pero, en vez de hacerlo, minimiza el mérito por las materias aprobadas, considera que esto no significa nada y que todo su historial académico no es suficiente para ser considerado un licenciado.

Entonces empieza a construir una percepción errónea que le sugiere que, al presentar su trabajo de grado y ser juzgado por el tribunal, este se mostrará muy decepcionado de su desempeño y de forma automática intentará tomar medidas para que no pueda graduarse.

Está claro que esas cosas no ocurren y que el trabajo de grado es solo un paso más para el que cualquier estudiante se encuentra capacitado. Pero de igual manera, el miedo lo paraliza y comienza a imponer cada vez nuevas excusas, habiendo un altísimo porcentaje de estudiantes que nunca llegan a presentarlo.

Rechazo a la autoridad

De todas las formas de procrastinación existentes, la del rechazo a la autoridad es la más autodestructiva.

Esta es considerada así porque, lejos de buscar una gratificación o aliviar nuestro estrés postergando actividades, cuando se tiene rechazo a la autoridad, lo hacemos adrede por la simple necesidad de contradecir a quienes nos están solicitando un trabajo.

De esa forma, podemos llegar tarde a la oficina, a nuestras reuniones, presentar con un elegante retraso nuestras entregas y proyectos solo para sentir que estamos por encima de la autoridad.

Lamentablemente, estas pequeñas acciones sabemos que pueden ser más destructivas para nosotros que para nuestros superiores jerárquicos, y que por mucho que nos revelemos aceptar su autoridad (siempre que así corresponda), forma parte de nuestro trabajo. Probablemente necesitemos de su aprobación si queremos seguir escalando y conquistando mejores oportunidades laborales.

Después de todo, por lo general ellos tienen un panorama más amplio sobre lo que resulta necesario realizar en materia laboral. Seguramente nosotros tendremos una percepción diferente, veremos las prioridades de otro modo y propondremos otras alternativas de trabajo.

Pero si no son aceptadas, no debemos olvidar que la palabra final es de ellos y de poco nos servirán los berrinches y hacer las entregas fuera de los términos solicitados. Eso solo creará menos confianza en ti y probablemente incluso origine que tus propuestas sean tomadas aún menos en serio.

Confías demasiado en tus capacidades

Si hay una de estas múltiples causas con la que personalmente me sentí interpelado por completo, es que confiaba demasiado en mis propias habilidades.

Esto me ocurrió tantas veces que es increíble que todavía continúe cayendo en las mismas trampas. Las de pensar que, si toda tu vida te fue bien realizando algunas actividades, no existe forma de fracasar cuando te enfrentas a ellas nuevamente.

Es así como la persona que tiene una confianza excesiva en sus habilidades puede evaluar incorrectamente el alcance de una tarea, su dificultad o el tiempo necesario para llevarla a cabo. Similar a lo ocurrido en la experiencia con la que comencé este libro.

Llegado el momento en que ya no existan márgenes para el más mínimo error, quizá te encuentres con algunos y no tendrás la posibilidad de remediarlos a tiempo. Si esto ocurre, la tensión a la que te puedes someter comenzará a escalar exponencialmente hasta que todo se transforme en un verdadero desastre.

Estrategias para combatir la procrastinación

Llegamos a la parte más importante de este manual. Hasta ahora probablemente hablamos de cosas que ustedes ya sabían, vayamos entonces a las diferentes estrategias y trucos que podemos emplear a la hora de dar un giro de 180° en nuestro estilo de vida. Comenzaremos así a combatir de forma efectiva esos malos hábitos que están siendo los responsables de las diferentes irregularidades que padecemos.

Para ello, lo primero que debemos hacer es confiar en algo más grande que nosotros mismos. No resulta casualidad que las acciones más descabelladas en cuanto a fuerza de voluntad, sacrificio y acción fueron hazañas que se realizaron en nombre de una entidad mucho más grande que un simple deseo.

Para muchos puede ser una creencia religiosa, un deber patriótico, el bienestar de una familia o simplemente un sueño personal. Cada una de estas actúa como una estrella ante la cual sentimos el compromiso y deber de movilizarnos.

De esta manera, tendremos algo de mayor importancia que poner sobre la balanza a la hora de optar entre trabajar o descansar.

Un ejemplo de esto es cuando el héroe griego Ulises realizó su conocida odisea y peleó con bravura en la guerra de Troya no por él ni por su autosatisfacción, sino para elevar hasta lo más alto el nombre de Ítaca y de Grecia.

Después de la guerra, cuando gracias a su astucia pudieron burlar a los troyanos y conseguir la victoria, Poseidón dispuso que él no regresaría a su tierra por haberlo ofendido. Y, pese a esto, una vez más Ulises, en nombre de Ítaca, su reino; Penélope, su esposa; y Telémaco, su hijo, volvió a emprender un viaje que le llevó diez años y en el cual tuvo que enfrentar a cientos de peligros. Pero sin importar cuán difícil era el camino, él sabía bien por qué realizaba su viaje e invertía tantos esfuerzos.

Este solo es un ejemplo de la mitología griega, como hay muchos otros detrás de cada acción realmente valerosa. Entre la mayoría de los atletas olímpicos, la idea de llevar a sus países la medalla de oro suele ser una meta más que válida, la misma que les permite levantarse cada mañana y seguir entrenando pese a las adversidades o al desgano.

Es así como en la doctrina militar se suele pedir sacrificios en nombre de la patria; en los diferentes organismos legales a actuar en nombre de la Constitución y la justicia; y, en el caso de los trabajadores con carga familiar, pensando en la educación de sus hijos y la felicidad de los suyos.

Por el contrario, quienes más disfrutan de procrastinar suelen ser personas que aún no tienen en claro por qué viven. En otras palabras, no han encontrado todavía un sentido para sus vidas.

Es por eso que si queremos comenzar a activar y canalizar todas nuestras energías para cumplir nuestros objetivos, lo primero que debemos hacer es tomar conciencia de cuál realmente será nuestra motivación.

Puede tratarse de algo pequeño como un título universitario o un puesto laboral, o una cosa inmensa como alcanzar el nirvana o fundar un hospital. No importa, pero resulta imprescindible que nos fijemos una dirección que nos indique hacia dónde caminar, porque si no vamos hacia ningún lado, resulta lógico que no queramos movernos.

Como bien explicó el escritor uruguayo Eduardo Galeano cuando se preguntó para qué servía la utopía:

"La utopía está en el horizonte. Camino dos pasos, ella se aleja dos pasos y el horizonte se corre diez pasos más allá. Entonces, ¿para qué sirve la utopía? Para eso, sirve para caminar".

Elabora listas

Ahora que ya has fijado un horizonte, es momento de plantear cuál puede ser la estrategia más apropiada para concretar tu objetivo, o por lo menos acercarte un poco más a él.

De esta manera sencilla, todos los meses podrías plantearte objetivos intermedios que te sirvan como una referencia que te permitirá saber que estás bien encaminado.

Por ejemplo, si tu objetivo elegido fue concluir los estudios universitarios, entre los objetivos mensuales puedes anotar metas como:

- Sacar el final de Economía.
- Entregar el trabajo práctico final de Sociedad y Estado.

De esta forma, podremos ayudarnos a canalizar nuestra energía diaria, ya que, al tener objetivos tan pequeños, tan posibles y realizables, invertirla en estudiar y redactar un proyecto ya no parece tan lejano e inalcanzable.

Incluso también se pueden seguir subdividiendo nuestros objetivos a mediano plazo en otros más fáciles de realizar. Así los objetivos serían más pequeños y su cumplimiento nos guiaría para concretar nuestra meta mensual. Como podría ser:
- Leer los libros de Economía.
- Realizar un resumen.
- Repasar una vez.
- Repasar una segunda vez.
- Buscar tema para el trabajo práctico.
- Buscar compañeros que se quieran sumar a un proyecto.
- Dividir el trabajo.
- Realizar la idea propuesta.

Siempre que sientas que no tienes nada que hacer o que creas que avanzar con tus labores demandará de mucho tiempo y esfuerzo, tendrás una práctica lista que te facilitará pequeñas tareas en las que puedes ir avanzando.

Lo mejor de todo es que, a pesar de que se tratan de pequeñas tareas prácticamente insignificantes, si logras realizar con éxito cada una de ellas, estarás un paso más cerca de tus objetivos.

Recuerda acomodar tus listas en un lugar estratégico, teniendo en cuenta que tienen que estar a la vista en el lugar donde generalmente acudes a procrastinar.

Esto puede ser en la esquina del televisor, si eres de ver largas series; en tu computadora personal, si es que prefieres los videojuegos; e incluso como fondo de pantalla de tu dispositivo móvil, si es que eres propenso a invertir tus horas en las redes sociales.

Completa tus tareas rápidamente, de esa forma tendrás el placer de tachar una tarea más de tu lista (con el tiempo, eso se transformará en la actividad más placentera del día).

Si has cumplido todos tus objetivos semanales o diarios, puedes disfrutar de un merecido descanso.

En caso de que sientas que las listas de mediano plazo tampoco te están funcionando, siempre puedes seguir minimizando tus obligaciones en listas más pequeñas.

Incluso puedes diseñar listas diarias en las que, entre los objetivos del día, incluyas un horario en el que fijes la realización de determinada tarea.

Si eres de esas personas que realmente sufren al implementar nuevos hábitos, no dudes en jugarle sucio a tu propia mente de procrastinador. Por ejemplo, si te fijas una hora de estudio entre las diez y las once de la mañana, justo antes del almuerzo, sabes que recién al terminar de estudiar podrás continuar con el almuerzo.

Respeta la lista y deja que tu mente sufra por algunas jornadas. Al cabo de unos días, comenzarás a seguirle el ritmo y podrás construir un hábito muy productivo. Lo mejor de todo es que, llegada esta etapa, darás inicio a tu propia espiral del éxito, que comenzará a girar a pasos agigantados.

¿Qué es la espiral del éxito?

La espiral del éxito es lo que explica que las personas

que son exitosas tiendan a ser cada vez más exitosas, mientras que aquellas que llevan tiempo estancadas en un mismo lugar son propensas a mantenerse así por muchos años.

Se trata de un sentimiento de satisfacción, confianza y superación que nos proporciona haber cosechado un logro, que en la mayoría de los casos no es más que una cuestión de percepción que motiva a los más optimistas a seguir adelante.

Por ejemplo, si nosotros comenzamos a entrenar con el rígido objetivo de poder correr una maratón de 42 kilómetros, lo más probable es que cuando hagamos nuestros primeros intentos y comencemos a medir nuestras capacidades, nos demos cuenta de que con un gran esfuerzo solo podemos mantener un ritmo competitivo por 3 o 4 kilómetros.

En este punto, existen quienes comienzan a hacer cálculos y caen en la cuenta de que no fueron capaces de completar ni siquiera el diez por ciento de la distancia necesaria para ser un maratonista. Esa imagen de lejanía, y la sensación de que avanzamos tan lentamente hacia nuestro objetivo, en realidad puede frustrar nuestros esfuerzos y hacer que nos sintamos mucho menos motivados a salir a correr la mañana siguiente.

Es por eso que un sistema de listas semanales y mensuales puede, sin ofrecernos mejores rendimientos, hacernos sentir que estamos dentro de la espiral del éxito y darnos un golpe anímico que en muchas ocasiones es todo lo que nos hace falta para comenzar a cosechar resultados positivos.

Si tu sueño es ser maratonista, está bien que quieras llegar a los 42 kilómetros y en buen tiempo, pero lo más importante es ser conscientes de nuestro punto de partida, y tratar de imponernos desafíos mucho más apropiados para nuestras capacidades.

Por ejemplo, si el día en que descubrimos que solo somos capaces de hacer 3 kilómetros y en un tiempo muy malo, en vez de preocuparnos por lo lejos que estamos de los 42 kilómetros, hay que proponernos alcanzar los 6 kilómetros como meta para fin de mes. Así saldremos a trotar cada mañana sabiendo que no estamos lejos de nuestro objetivo y que, si nos proponemos salir a correr tres veces por semana y en cada jornada somos capaces de agregar tan solo 250 metros adicionales, al final de cada práctica, al cabo de cada semana, podremos estar agregando casi un kilómetro extra. La distancia necesaria para que, tras cuatro jornadas de trabajo, puedas alcanzar tu objetivo final de 6 kilómetros a fin de mes.

Lo mejor de todo es que, tras correr tres kilómetros y medio en la segunda jornada de carrera, ya no nos sentiremos unos fracasados por estar tan lejos de nuestro objetivo. Nos invadirá una sensación de éxito y satisfacción que servirá como motor para salir a entrenar la jornada siguiente.

Entre más sientas que estás triunfando, mayor será la confianza que proyectarás en ti mismo y más ambiciosos los objetivos que te podrás ir trazando. Entre más tiempo inviertas en perseguir tus metas, mayor será tu habilidad, aprenderás a administrar tus energías de formas más eficientes y tu cuerpo se irá adaptando lentamente para que el trabajo sea aún menos pesado.

Pasados los meses, notarás que con pequeños pasos habrás recorrido grandes distancias que separaban el punto de partida de tu objetivo más ambicioso.

Además, podrás proponerte metas a largo plazo, como correr una maratón de 10 kilómetros, de 15 kilómetros o una de 21 kilómetros.

Ir cumpliendo estos objetivos, mejorando tus tiempos, e ir percibiendo los cambios que se van produciendo en ti mismo es lo que se conoce como la espiral del éxito, que una vez que comience a girar te hará llegar muy lejos.

Establecer un marco para el trabajo

Muchas veces, tenemos el problema de que nuestra mente está acostumbrada a pensar que el hogar es un espacio de dispersión, y por consiguiente nuestro cerebro no se encuentra preparado para realizar tareas que le demanden mucho esfuerzo.

Caso contrario, cuando nos encontramos en la oficina, por lo general ya llegamos con mayor predisposición al trabajo, así como en la universidad nuestra predisposición va más por el lado del estudio.

Es por eso que, cuando intentamos estudiar o trabajar desde nuestro hogar, básicamente deberíamos estar peleando contra un hábito muy arraigado en nuestra mente.

Lo mejor que podemos hacer en este caso es construir un nuevo ritual o elegir un lugar que explique a nuestro cerebro que está llegando la hora de comenzar a trabajar.

Hasta hace poco tiempo, yo contaba con una oficina para trabajar y acudía a la biblioteca pública para estudiar, de esa forma las reglas estaban claras y sabía exactamente lo que debía hacer en cada espacio.

Cuando llegó la pandemia, ambos lugares cerraron sus puertas y tuve que comenzar a hacer estas dos cosas en casa. Por eso, cuando me sentaba en mi computadora personal, no sabía si debía estudiar, trabajar o abrir mis redes sociales. Sin duda fue un gran cambio para el que no estaba preparado.

Fue así que con el tiempo comencé a construir mis propios espacios. Por un lado, tengo mi computadora en un escritorio al lado de mi acuario y la silla más cómoda del hogar, y me encargué de explicar que mientras esté sentado en ella resulta necesario que nadie me interrumpa. Así puedo enfocarme de lleno en el trabajo sin ningún tipo de distracción.

Por otro lado, comencé a imprimir mis apuntes de la universidad. De esa manera puedo llevarlos conmigo al parque, donde aprovecho para tomar aire y estudiar por algunas horas.

Es así como conseguí que, al sentarme en un lugar específico, mi mente ya se vaya preparando para la actividad que estoy a punto de realizar.

Resiste las tentaciones

Si el cumplimiento de nuestras metas es el motor que nos impulsa hacia el cumplimiento de nuestros sueños, las tentaciones serían algo así como importantes obstáculos en el camino.

Es decir, visualizamos que queremos entregar nuestro trabajo práctico, nos sentamos en nuestro escritorio y abrimos los cuadernos y libros, pero de repente nos llega una notificación de Instagram.

Revisamos qué pasó, y es esa persona que nos gusta que le ha dado "like" a nuestra foto. Lo más probable es que volvamos a ver su página o esperemos a ver si ocurre algo más. Después de un rato, optamos por escribirle. Cuando nos dimos cuenta, pasaron dos horas.

A mi forma de verlo, esa notificación sería el equivalente a una rueda pinchada justo antes de un viaje importante. Por eso resulta imprescindible evitar todo tipo de distracciones.

Más adelante hablaremos sobre cuánto tiempo es sano dedicarnos al esparcimiento personal, pero por ahora nos concentraremos en evitar que las distracciones formen parte de nuestra zona de trabajo.

Por ejemplo, si sabemos que somos propensos a procrastinar cada vez que suena nuestro móvil, lo más centrado que podemos hacer para evitar que el mismo se transforme en un ancla (por su mera presencia) es considerar la opción de apagarlo, o dejarlo en modo silencio en una habitación diferente.

Así, con esta estricta medida, sabemos que si queremos volver a utilizar el móvil, nuestra mejor alternativa es terminar primero con las obligaciones lo más rápido posible.

Como en mi caso necesito el móvil para trabajar –y también me distrae bastante–, le instalé una aplicación que solo me deja utilizar determinadas funciones mientras estoy en mi horario de trabajo.

Se trata de Forest, una *app* en la que plantamos un árbol que básicamente deja inutilizado nuestro móvil hasta que el temporizador lo indique. Si el temporizador llega al final de su cuenta regresiva, nuestros árboles crecen saludables y decoran nuestro bosque. Si por el contrario la tentación es mayor y abres aplicaciones no autorizadas, tu árbol se marchita y muere.

El pasado año llegué a plantar más de 1200 árboles en esa aplicación, lo que significó más de 600 horas de concentración. Así que, si su teléfono representa una amenaza para su productividad, se las recomiendo.

Como yo hice con el móvil, cada persona debería dar su mayor esfuerzo para alejarse de todo aquello que los distraiga. Si se trata de personas, siempre se puede razonar y pedir una tregua por algunas horas.

Por otro lado, si se trata de algo que en verdad nos gusta, como un partido de fútbol, lo más recomendable es hacer una mejor planificación de nuestros días y horas de actividad.

Para dejar de procrastinar es importante que organicemos un plan que nos permita trabajar de forma óptima, siguiendo un cronograma acorde con nosotros mismos. Si trazamos agendas superajustadas, con un mínimo de tiempo dedicado a la dispersión y entretenimiento, lo más probable es que abandones el barco y no continuemos con el programa.

Técnica pomodoro

Otra técnica muy recomendable para quienes sufren en exceso dejar de lado sus distracciones y enfocarse por largos periodos de tiempo es la conocida como reloj de pomodoro.

Esta técnica consiste en fragmentar el tiempo en ciclos cortos para que nuestro objetivo aparente sea mucho más fácil de realizar. De esta forma se busca intercalar intervalos de 25 minutos de concentración y productividad con 5 minutos de descanso.

Así nuestro siguiente objetivo ya no será la difícil tarea de resumir un libro completo, evitando todas las distracciones que puedan interponerse en nuestro camino durante largas horas, sino que estarías haciendo un trato con tu mente, garantizando 5 minutos de esparcimiento a cambio de tan solo 25 minutos de esfuerzo. Un trato que parece más que razonable.

Lo que busca esta técnica es que podamos exprimir toda la concentración que tenemos para ofrecer, y antes de que la misma comience a decaer y vayamos a bajar nuestro rendimiento, disfrutar de un merecido descanso. Entonces, después de pasado el tiempo de recreo, podamos regresar cien por ciento enfocados en nuestro trabajo.

La única excepción que contempla esta reconocida técnica es que, tras dos horas de trabajo, es decir, después de cuatro ciclos, nos corresponden 20 minutos de esparcimiento y recreo.

Esto ocurre porque el grado de concentración se relaciona al tiempo, y después de dos horas de trabajo, lo más probable es que nuestra mente no siga siendo tan productiva como al principio de la jornada. Es por eso que, después de cada cuarto ciclo, tenemos la obligación de tomar como mínimo 20 minutos de descanso.

Hay algunas reglas que debemos cumplir al pie de la letra para que esta técnica sea lo más eficiente posible. Entre ellas destacan:

- Evitar toda distracción durante los 25 minutos de concentración. Si lo logras, disfruta de tus 5 minutos de descanso. Si no lo conseguiste, tienes que volver a comenzar.

- Aprovecha tus descansos para hacer algo diferente; mueve tu cuerpo, respira un poco, no olvides hidratarte y, cuando estés listo, regresa a tu siguiente sesión de concentración.
- Los tiempos tienen que cumplirse al pie de la letra y los descansos son obligatorios. No importa si crees que vas bien y puedes continuar fácilmente.

La técnica de pomodoro es un trato que realizamos con nosotros mismos. Si tu mente cumplió con su parte, tú también debes cumplir con la tuya.

Lo que tiene esta técnica es que puede resultar un poco más compleja cuando estás comenzando a utilizarla, pero a medida que vayas adaptándote a ella, te será cada vez más fácil administrar los tiempos de producción y dispersión completamente por separado. Lo que busca la técnica es que demos el cien por ciento en ambas cosas, sin términos medios. Estamos concentrados o estamos dispersos.

A medida que vayamos apropiándonos de esta técnica, llegará un momento en que podremos dividir nuestras tareas en ciclos pomodoros y ya no más en horas. Haciendo que nuestras listas de tareas se vayan perfeccionando y sean cada vez más eficientes.

Por ejemplo:

- 10 h: Estudiar dos pomodoros.
- 14 h: Trabajar en próximas entregas laborales seis pomodoros.
- 17 h: Salir a trotar tres pomodoros.

Administra tus energías

Otro medio para obtener mejores resultados, en cuanto a productividad, es poder conocernos un poco más. Así calcularemos bien cuánto esfuerzo es el que nos podemos pedir a nosotros mismos y en qué horarios nos conviene hacerlo.

Por lo general, cuando tenemos horarios de sueño más o menos definidos, nuestro cuerpo tiende a irse activando rápidamente, alcanza un pico de productividad, se mantiene al cien por ciento de sus energías durante algunas horas y después comienza un declive. Llegado el momento, nuestra concentración, nuestra fuerza de voluntad y nuestro cansancio generalizado nos dirá basta y nos avisará que llegó la hora de irse a la cama.

Es por eso que mantener horarios regulares tiende a ser tan efectivo a la hora de perseguir objetivos e intentar concretar metas. Ahora bien, regularizar nuestros horarios de poco nos servirá si nos empecinamos en dejar como última actividad del día nuestras jornadas de trabajo y estudio.

De hacerlo, estarás exigiéndole a tu mente eficiencia en un momento que ya no tiene tanto que ofrecer, y tendrás que luchar de forma constante contra el deseo de ir a dormir.

Por eso suele recomendarse comenzar el día con lo que te parezca más difícil. De esa manera, a la hora de exigirle a tu cuerpo o mente que estén a la altura de tus objetivos, contarás con mayores reservas de energía para afrontar las dificultades cotidianas. Tus tareas se podrán postergar un poco más de lo planeado, pero estarás cubierto, ya que ni el sueño ni la fatiga serán un problema.

Lo mejor de todo es que, si para la hora del almuerzo ya conseguiste realizar tus deberes más tediosos e importantes, podrás disfrutar del resto de la jornada con una mayor tranquilidad. Estarás completamente libre de culpas y sentirás una gratificación muy positiva que servirá de combustible para que al siguiente día intentes repetir tus logros.

Además, si al final del día tienes labores que demandan de una menor cantidad de energía o que te resultan más gratificantes, lo más probable es que las hagas de todas formas. Como sabemos, no es lo mismo llegar a la noche y pensar que todavía tenemos que hacer la investigación de nuestra tesis a simplemente ir a regar el jardín.

Por último, esta manera de administrar tus tiempos y tareas te darán mayor cintura para adaptarte a las nuevas propuestas emergentes que pueden ir surgiendo y que no tenías contempladas. Si un amigo te invita a una fiesta, si tu pareja se ganó dos entradas al cine, o cualquier otra eventualidad que pueda ocurrir, no es lo mismo enterarse cuando ya estás gozando del resto del día libre que enterarte a las seis de la tarde, cuando todavía no hiciste tus deberes y aún no fuiste al gimnasio.

Inspírate en triunfadores y sigue sus pasos

Cuando era niño, siempre admiré a los personajes de mis historias favoritas. Y como buen amante de la ciencia ficción, comencé por aspirar a algún día llegar a ser como Jhonny Rico, del libro *Starship Troopers;* como la comandante Cirocco, de *Titán*; o como Paul Atreides, de *Dune*.

Es por eso que de pequeño corría y me arrastraba a lo largo de un descampado que se extendía cubriendo toda una cuadra al frente de mi casa, siempre llevando conmigo un arma de plástico. Sabía que si algún día tenía que combatir extraterrestres en un planeta lejano, yo sería el primero en enlistarme en las filas del ejército planetario.

Afortunadamente, hasta ahora no hemos tenido conflictos con ninguna raza alienígena. Pero, de igual manera, resulta extraordinario ver que nuestras actividades cotidianas pueden coordinarse en aras de seguir los pasos de un referente.

Cuando me di cuenta de que había nacido demasiado pronto para combatir en el espacio, comencé a pensar que seguir entrenando mi cuerpo y capacidad de combate era en vano, y fui abandonando esas prácticas.

Entonces empecé a encontrar mi inspiración en muchos otros ídolos, lo que me sirvió para guiar mis pasos. Frank Herbert, Isaac Asimov, Gabriel García Márquez, todos ellos escritores de gran reconocimiento que lograron dar vida a personajes increíbles, mundos extraordinarios e historias que hasta el día de hoy anhelo y sigo reviviendo.

Pero como era de esperar, ninguno de ellos nació siendo un gran escritor. Por el contrario, descubrí que cada uno inició su oficio desde muy joven trabajando en periódicos locales, escribiendo artículos, columnas y pequeñas historias que fueron forjando los cimientos de su habilidad en la escritura.

Fue así como, al igual que ellos, comencé a golpear todas las puertas de periódicos y medios periodísticos que encontré a mi paso hasta que por fin uno me dio la oportunidad de dedicarme al periodismo. Si bien en un primer momento comencé a escribir de manera esporádica y gratuita, antes de cumplir un semestre había ya conseguido un puesto en un informativo nuevo que pertenecía a la misma empresa.

Hoy sigo sin ser tan reconocido como mis referentes. Pero sus vidas continúan guiando mis pasos y espero algún día que mis libros formen parte de la biblioteca de algún joven soñador, como sus obras forman parte de la mía.

Busca grupos que potencien tus habilidades

A la hora de emprender un camino, lo que menos necesitamos son personas alrededor que intenten obstaculizar nuestro recorrido y se conviertan en un lastre, deteniendo nuestro paso.

En muchas ocasiones, la mente de un procrastinador está envenenada por los comentarios de quienes lo rodean. Estos, sesgados por una visión de la vida más pesimista o conformista, los aterran con comentarios que, lejos de impulsarlos a perseguir sus sueños, siembran el miedo y una pesada sensación para que se conformen con lo que ya tienen.

Por el contrario, quienes nos codeamos con personas que nos inspiran una mayor confianza solemos llegar más lejos, puesto que no sentimos tanto temor a la hora de apostar por un proyecto propio o embarcarnos en una nueva aventura.

Hoy, gracias a las redes sociales, se puede encontrar grupos de todo tipo. En esas comunidades suele existir un ambiente cálido, donde la ayuda mutua puede beneficiar a quienes no tienen claro cómo avanzar en su camino.

Los hay de toda clase, y sentirse incluido en ellos resulta muy beneficioso, ya que uno comienza a conocer las historias de éxito, las posibilidades que tal vez no se contemplaban en nuestras realidades. Además, seguramente recibiremos el apoyo y las felicitaciones a cada paso positivo que logremos dar siempre y cuando nos animemos a compartirlos en la comunidad.

No hay que tener miedo de compartir las ideas, no hay que creer que todos allá afuera están buscando la forma de aprovecharse de nosotros. Si queremos crecer como personas y avanzar en nuestros objetivos, es importante poder confiar en quienes nos rodean. Y si no puedes hacerlo, quizá significa que ha llegado la hora de conocer gente nueva; quizá con suerte logres encontrar un *accountability buddy* dispuesto a acompañarte en tu camino.

¿Qué es un *accountability buddy*?

Un *accountability buddy* es un compañero al que le iremos contando todos nuestros proyectos y todo aquello que planeamos realizar cada semana.

De esta forma, como sabemos que cada semana tendremos el deber y la obligación de volver a dialogar con esa persona, nos moverá la motivación de hacer algo, conseguir un resultado nuevo o un avance significativo en nuestro camino. Así tendremos alguna novedad que alegre a nuestro compañero y que lo incentive a él también a continuar adelante en sus propias metas.

Por lo general, nadie quiere llamar a una persona para contarle que no pudo avanzar en su proyecto, inventando excusas semana tras semana. Es por eso que tener alguien en quien confiar, con quien compartir nuestras metas y que elegimos para forjar una relación *accountability buddy* puede ser un incentivo más que eficiente para que nunca dejemos de perseguir nuestros sueños.

Si bien suele darse mucho entre compañeros que realizan las mismas actividades, eso no es un requisito. Solo tiene que ser alguien con quien tengas la certeza de que podrás hablar sinceramente de tus aspiraciones, deseos y sueños, y en quien puedas confiar.

Esto porque tiene que ser capaz de aportarnos ideas nuevas y frescas cuando estamos atrapados en un callejón sin salida. Muchas veces ocurre que, al buscar una solución específica, comenzamos a concentrarnos cada vez más en un problema. Quizá no vemos que existe un desvío que nos permite tomar un camino más fácil.

> *"Cuando la NASA empezó a enviar astronautas al espacio, se dio cuenta de que los bolígrafos no funcionaban en ausencia de gravedad.*
>
> *Tras invertir varios millones de dólares y dos años de pruebas, la agencia espacial desarrolló un bolígrafo*

que podía escribir en el espacio, bocabajo, en casi cualquier superficie y a temperaturas que iban de los –80 a los 65 grados Celsius.

Cuando se enfrentaron al mismo problema, los rusos usaron un lápiz".

También resulta de utilidad que esa persona tenga sus propias ambiciones y sea capaz de ir cosechando resultados positivos. Así nos veremos obligados a aumentar nuestro ritmo, asediados por la idea de que alguien más llegue a donde nosotros queríamos llegar. Pero que, al mismo tiempo, pueda ser lo bastante duro como para indicarnos cuándo cree que no estamos dejando lo suficiente de nosotros mismos para perseguir nuestros sueños.

Consejos:
Para que su relación de *accountability buddy* sea realmente fructífera, lo más importante es que el contacto se realice semana tras semana. Sin falta. Lo mejor es que no siempre sea la misma persona quien llame, pero sí que todas las semanas el contacto sea a la misma hora. Eso deja en claro que ambos están interesados y se benefician de esta relación.

Por otra parte, tratemos de no elegir personas afines, incluso puede resultarnos de mayor utilidad un extraño del que poco sabemos. Si elegimos a un amigo o una pareja, probablemente puedan apiadarse de nosotros, ser blandos y hasta puede que en realidad no nos importe lo que vayan a pensar.

No tengan dudas en compartir sus listas y objetivos a mediano y largo plazo, e intenten potenciarse en los momentos en que ambos están motivados. Acepta toda la ayuda posible cuando tu compañero esté consiguiendo mejores resultados que los tuyos, y bríndale ánimos y fuerza cuando tú seas quien lo está haciendo mejor.

De poco sirve ser terco y preferir avanzar por nuestra cuenta. En este tipo de relaciones nadie es el mentor de nadie, más bien son como dos alpinistas amarrados a la misma cuerda. No dudes en tirar de ella todo lo que fuese necesario para que tu compañero comience a subir, en algún momento hará lo mismo por nosotros, y de esa forma ambos llegarán a la cima.

Recompensarte por tus triunfos

La mejor parte de ser productivo en tus días y abandonar la procrastinación es que, a pesar de que vamos a invertir cada vez más tiempo en tareas productivas, esto no significa que vayamos a divertirnos menos, o sentir que estamos perdiendo en materia de recreación o esparcimiento.

Por el contrario, al no procrastinar no solo estamos segmentando las horas productivas para aprovecharlas en su estado puro, sino que estaremos haciendo lo mismo con el ocio. La diferencia es que ya no lo buscaremos en acciones pequeñas e insignificantes, como revisar redes sociales o ver videos de YouTube. El objetivo es que comencemos a sacarle el mayor rendimiento posible con cosas que en verdad nos gustan.

Es decir, si empezamos a aumentar nuestra productividad, nos podremos desocupar cada vez más temprano, ya sea al final de cada día o de cada semana. Gracias a esto, tendremos mayor tiempo y libertad para premiarnos por nuestros esfuerzos y hacer esas cosas que en verdad nos hacen felices.

Como se mencionó en la primera parte de este libro, soy una persona que disfruta mucho de ir de campamento, pero sé que es una actividad que demanda invertir muchísimo tiempo.

También me gusta ir a tomar una cerveza al parque o a un bar que tenga mesas en el exterior. Pero sé que para hacerlo necesito cumplir con todos mis objetivos diarios en tiempo y forma.

Es importante enfocarnos en esas cosas que nos gustan para que nos sirvan de inspiración, para sentarnos a trabajar cuando estemos perdiendo el tiempo en acciones que no nos llenan lo suficiente.

En mi experiencia, antes de comenzar a optimizar mi rendimiento, pasaba largas horas del día viendo *streams* de *Age of Empire 2*, llegando a perder hasta cinco horas diarias en eso.

Por supuesto que me gusta ver las partidas de *Age of Empire 2*, pero si pongo esta afición en una balanza, no se compara ni de lejos al placer que siento cuando voy al cine o de campamento.

¿Entonces por qué invertir tantas horas en ver partidas de Age of Empire 2*?* La respuesta es simple, porque ir al cine o por unas cervezas demandaba como mínimo tres horas de mi tiempo. Y sabía que con mi agenda colapsada no me podía dar el gusto de hacerlo.

De igual manera, los fines de semana no podía ir a acampar, ya que había aplazado tanto mis obligaciones que sábados y domingos tenía que dedicárselos a mis estudios universitarios.

Nunca tenía tiempo ni podía hacer lo que en verdad quería. Aplazar las obligaciones no solo implica que tu rendimiento académico y laboral se desplomen, sino también la calidad de vida en general.

Por eso es tan recomendable comenzar a premiarnos por nuestros esfuerzos. Incluso podremos anotar las actividades que más nos gustan en nuestra misma lista de actividades semanales. De forma que sepamos que, si nuestra procrastinación no nos permite llevar al día dicha agenda, son esas actividades que más nos gustan las que se verán perjudicadas.

Acomoda tus tiempos para que el domingo puedas ir al estadio a ver el juego de tu equipo favorito, correr en *karting* o ir a pescar. Algo que de verdad te guste.

También puedes premiarte a corto plazo; terminas tus actividades y ves una película, o vas al parque a comer una hamburguesa.

Si nos acostumbramos a que el premio sea consecuencia de las buenas acciones, comenzaremos a sentirnos incentivados a finalizar nuestros compromisos cada vez más temprano.

Asimismo, sentiremos que las actividades son más gratificantes que nunca. No solo estaremos haciendo algo que apreciamos, sino que lo viviremos como un premio, lo que le agregará un valor simbólico muy importante.

¿Alguna vez vieron cómo se divierten las personas que están festejando en un bar? En sus rostros suele apreciarse una alegría que excede a ese momento, es mucho más grande que la cerveza, el lugar o los amigos que los acompañan.

En sus caras se reflejan los logros cosechados

tras largas jornadas de trabajo, meses de sacrificio y muchísima satisfacción personal.

Lo contrario es estar en casa viendo videos cortos de YouTube, porque sabemos que aún adeudamos muchísimas tareas. Lo más común es que lo hagamos sintiendo una culpa interna muy fuerte que apenas nos dejará disfrutar del video.

Piénsalo con cuidado, los perros que hacen trucos, las mulas que llevan carga y las palomas mensajeras suelen ser alimentadas después de hacer su trabajo, nunca antes.

Nosotros no somos muy diferentes. En este caso, debemos ser nosotros mismos quienes pongan la zanahoria delante como incentivo para obligarnos a marchar.

Replantear lo que hacemos

En el conocido libro *Los 7 hábitos de la gente altamente efectiva*, Stephen R. Covey explica que un método para comenzar a hacer que nuestra vida sea mucho más productiva es aplicar una segmentación de actividades, la que nos permite acomodar nuestras prioridades de mejor forma. Si la utilizamos con sabiduría, puede generar un cambio de hábitos importante que nos volverá personas mucho más eficientes.

El cuadro está compuesto por cuatro cuadrantes que se organizan en función a dos variables, este nos permitirá clasificar todas nuestras actividades diarias.

El eje (y) está compuesto por las variables "Importante" y "No importante", de forma que pondremos por encima las actividades que consideremos nos afectarán en mayor medida si es que no las realizamos. Puede ser concretar nuestros proyectos, ir a trabajar, pasar tiempo con la familia, encontrarse con los amigos, etc.

En contraposición, en la parte inferior del cuadro pondremos las actividades que hacemos que no tienen importancia para nuestra vida: revisar redes sociales, ver la televisión, pasar tiempo con personas que no nos aportan nada, etc.

Por otra parte, el eje (x) agrega las variables "Urgente" y "No urgente", que se clasifican en función de si las tareas que tenemos deben ser resueltas en el momento o no. Es decir, pasar tiempo con nuestros amigos o familia no es algo urgente, pero sí suele serlo responder a los mensajes en nuestras redes sociales, atender llamadas telefónicas o preparar una entrega que está próxima a vencer.

Una vez hayamos escrito nuestras actividades y clasificado dentro de nuestro cuadro, que llamaremos "matriz de prioridades", tendremos un panorama mucho más claro en función a lo que debemos realizar, en qué momento y si realmente queremos hacerlo.

Por ejemplo, si tenemos algo que se considera importante pero no urgente, solo es cuestión de agendar una fecha en el calendario para concretar esa actividad cuando realmente tengas tiempo de trabajar en ella.

Si la tarea, en cambio, es importante y urgente, lo mejor es comenzar a trabajar en ella de manera inmediata y sin ninguna interrupción.

Con interrupciones nos referimos, probablemente, a cosas que no son importantes pero que también son urgentes. En muchas oportunidades, estas son como obstáculos para nuestra concentración. Lo más común en este campo pueden ser las notificaciones de redes sociales, reuniones con gente que no aportan mucho en nuestras vidas e incluso seguir los resultados de algún deporte.

Si bien son cosas que por lo general no pueden esperar, porque están ocurriendo en ese mismo momento, resulta necesario que podamos ser lo suficientemente astutos como para saber dejarlas de lado, e incluso comenzar a dedicarles cada vez menos tiempo.

Igual que las actividades que tampoco son importantes, pero que tampoco tienen urgencia, como ver una serie en Netflix, realizar algunas actividades extracurriculares con las que nos comprometimos, aunque no aporten mucho, devolver algunas llamadas, etc.

El principal objetivo de este cuadro es que, en la medida de lo posible, los campos "Importante" y "Urgente" estén siempre vacíos. Y que, cuando haya algo ahí, destinemos todos nuestros recursos para cumplir satisfactoriamente con esas actividades.

Por lo general, estos campos son a los que menos importancia les damos. Pero si buscamos perfeccionarnos en lo que hacemos y transformarnos en personas exitosas, tienen que ser los puntos en los que más energías debamos invertir.

Mucha gente sabe que tiene que terminar su carrera, hacer una maestría, aprender un idioma, buscar un trabajo nuevo o clientes más importantes. Pero como la urgencia no los corre, solo suelen aplazar esas actividades más tiempo del que resulta necesario, a veces incluso por largos años.

Caso contrario, las cosas que clasificamos dentro de lo "Menos importante", si las hacemos o dejamos de hacerlas, no va a influir nada en nuestras vidas, o incluso lo hará negativamente. Es una sección del cuadro en la que debemos mirar con atención y mentalidad crítica.

Por ejemplo, pasé largos años dentro de un grupo que compartía con mis compañeros de preparatoria; y yo leía sus mensajes, iba a las reuniones y compartía momentos con ellos solo porque veía que todos lo hacían y era considerado lo más común.

Un día entendí que, si bien habían sido importantes en algún momento de mi vida –o no–, ya no me importaba nada de lo que ellos hicieran. Hablarles no me satisfacía ni traía ningún beneficio, por lo que procedí a salirme del grupo y terminar mi relación con ellos, permitiéndome emplear ese tiempo y energías en otras actividades que fueran de mi interés.

Es importante procurar que las cosas que hagamos realmente nos ayuden a convertirnos en las personas que queremos ser, o que simplemente nos diviertan. Por lo menos, a mí me ocurrió al darme cuenta de que el fútbol no era un deporte que me gustase en lo más mínimo pese a haberle dedicado cada tarde de mis domingos.

En esa misma línea, tampoco me gustaba salir a bailar, pero desde los diecisiete hasta los veintidós años lo hice porque parecía que ir a las discotecas, embriagarse e invertir grandes sumas de dinero en entradas era necesario para obtener diversión de calidad.

Hoy que ya rondo los treinta años, prefiero patinar sobre hielo, juntarme a jugar juegos de mesa o ir de campamento. No digo que estas actividades sean mejores o más divertidas que las anteriores, para nada. Pero por lo menos sé que las hago porque suman en mi vida, y eso es algo muy importante.

Crea nuevos hábitos

Una vez que seamos conscientes de aquellas cosas que queremos incorporar en nuestras vidas y cuáles no, llegará el momento de comenzar el lento proceso de forjar nuevos hábitos.

Como ya se mencionó, la energía mental no es un bien infinito y cada nueva actividad que elijamos incorporar a nuestras vidas va a demandar una importante cuota de energía mental, algo con lo que nuestro cerebro no va a estar para nada cómodo.

Después de todo, el cerebro, como todos nosotros, solo quiere cumplir con su trabajo cotidiano y gastar la menor cantidad de energía posible para conseguirlo, por lo que obligarlo a hacer horas extras no va a ser nada fácil.

Es aquí donde nacen la mayor cantidad de pensamientos que nos llevan a procrastinar, porque el cerebro comenzará a utilizar sus mejores técnicas para que desistamos de implementar ese nuevo cambio en nuestras vidas. Al fin y al cabo, el deber del cerebro es mantenernos con vida. Y si haciendo las cosas como hasta ahora cumple con su objetivo, no tiene necesidad de concretar un cambio.

Para hacernos desistir, el primer mecanismo que va a implementar son los pensamientos evasivos, que consiste en un bombardeo de excusas que buscan hacernos desistir de nuestra iniciativa.

Si es lo suficientemente creativo, esas excusas las interpretaremos como obstáculos reales y nos harán replantear si realmente es necesario concretar ese cambio.

Pero nosotros debemos ser más fuertes. Si tomamos la decisión de que lo mejor para nuestras vidas es salir a correr todas las mañanas, tendremos que mantener esa postura firme y salir a correr aunque nuestra mente no esté conforme con lo decidido.

Una estrategia que les recomiendo para evitar con mayor facilidad las excusas es anotarlas en una libreta. De esta forma, siempre que se nos ocurra una razón por la que no podamos salir a correr, simplemente la anotamos. De esta forma, comenzaremos a hacernos conscientes de que lo que veíamos como obstáculos realmente son puras excusas que apuntan a que no consigamos realizar nuestras metas.

En el futuro, cuando se nos pase por la mente una de ellas, automáticamente sabremos que ese pensamiento disuasivo es una simple excusa. Y al ser conscientes de ello, sabremos que no es un obstáculo el que nos detendrá, sino el no ser lo suficientemente fuerte.

Así, no estaremos satisfechos con la opción de no salir a correr y tendremos más herramientas para vencer los obstáculos que plantea nuestra mente, y hacerlo de todas formas.

Si somos lo suficientemente fuertes y comenzamos a derrotar a nuestra mente de forma repetitiva y sistemática, nuestro cerebro comprenderá que su voto no está siendo tomado en cuenta. Si quiere ahorrar energías, tendrá que diseñar un nuevo sistema completamente automatizado que le permita hacer eso que quieres sin excederse; a eso se le llama crear un hábito.

El mejor ejemplo de hábito que se me ocurre en este momento es teclear en la computadora. Probablemente las primeras veces que lo hicieron demandaron de muchísima concentración y energía mental. Había que conocer la posición de las letras, teníamos que pensar en cuál dedo debíamos emplear para cada una, regresar las manos siempre al mismo lugar y adaptarnos a la posición de la tecla siguiente. Un trabajo muy complejo en el que nueve de los diez dedos se mueven de forma independiente y coordinada para teclear con rapidez y eficiencia. Algo que, de hacerlos de manera consciente, debería agotar nuestra energía mental en cuestión de minutos.

Pero, obligando al cerebro a hacerlo una y otra vez, con el tiempo irá recordando la posición de las teclas, automatizando los movimientos de cada dedo, y creando un sistema efectivo y coordinado que nos permitirá simplemente escribir sin pensar en eso.

No sé cómo se les dé a ustedes esto de la mecanografía, pero probablemente también les pasa cuando conducen un automóvil o cuando se cepillan los dientes.

Si conseguimos que el cerebro desista y haga de lo que queremos un hábito, ya dejará de inventar excusas y de consumir tanta energía mental, por lo que se nos hará cada día más fácil.

Cómo tener éxito en la construcción de nuestros hábitos

La primera de las recomendaciones ya se las dije, es concientizarnos respecto a que las excusas no son verdaderos obstáculos, y hacer nuestro mayor esfuerzo por ignorarlas.

La segunda recomendación es que sean persistentes y que lo hagan con regularidad por lo menos durante las primeras veintiún veces, que es el tiempo en que se estima la creación de un hábito nuevo. Claro que esto no tiene por qué ser exacto, pero si su objetivo es salir a correr tres veces por semana, pongan especial énfasis en no faltar ninguna sola vez durante las primeras siete semanas.

Otra recomendación es que traten de darle cierta regularidad al horario y de crear una rutina previa antes de ejecutar la actividad. De esta forma, cuando comencemos con los preparativos, nuestra mente y cuerpo irán entendiendo y comenzarán a prepararse para concretar la acción.

Luego recuerden el trabajo que les costó las primeras veces que lo hicieron y compárenlo con lo que les costó las últimas veces. Probablemente exista una importante mejoría en cuanto a la fuerza de voluntad que les hizo falta invertir para movilizarse.

Por último, aprendan a ser disciplinados y a hacer las cosas porque saben de forma consciente que es lo mejor para sus vidas y no porque sus cerebros así lo interpreten. Por lo general, el cerebro suele utilizar un sinfín de trucos para que se haga su voluntad, aunque no siempre está en lo correcto.

Si debemos implementar una dieta, quizá nos exija alimentarnos y nos haga sentir que realmente lo necesitamos, aunque sepamos que no es así. Es por eso que tenemos que ser disciplinados y encontrarnos un paso por encima de nuestros impulsos e instintos.

Con esto no quiero decir que el sentimiento de sed, hambre o cansancio no sean útiles, porque nos han sabido mantener con vida a lo largo de mucho tiempo. Pero también es importante comprender que hoy vivimos insertos en un constructo social que el cuerpo no interpreta completamente. Es por eso que seremos nosotros quienes tengan que llevar las riendas de nuestro cuerpo y enseñarle que estaremos al mando, y que no estamos dispuestos a ceder ante los impulsos más primitivos y naturales.

Utiliza la procrastinación a tu favor

En caso de que estés intentando hacer que tu vida comience a tomar un nuevo rumbo, pero pese a que por mucho que te esfuerzas pareciera que las actividades estériles te seducen y te arrastran a procrastinar, existe un recurso que podrás utilizar para generar un giro de 360 grados en ella.

Se trata de poner obstáculos en medio de las actividades que más te llevan a procrastinar y despejar el camino más limpio hacia las actividades productivas en las que te gustaría invertir más cantidad de horas.

Un ejemplo de esto es cuando llegamos a nuestros hogares, nos sentamos en el sofá y rápidamente, antes de preguntarnos qué es lo que en realidad queremos hacer, prendemos el televisor y pasamos largas horas viendo programas que no significan nada para nosotros, o a revisar redes sociales desde nuestro dispositivo móvil. Esto ocurre porque resulta muy rápido y simple ejecutar estas acciones antes que preparar una actividad diferente.

Si por el contrario tuviéramos que ir hasta un cibercafé para ingresar a nuestras redes sociales, o si el televisor estuviera en otra habitación y tuviéramos que ir a buscarlo antes de sentarnos frente a él, lo más probable es que le dediquemos mucho menos tiempo a esas actividades.

Por supuesto que no tenemos que irnos a tal extremo, pero sí podemos implementar algunas acciones concretas como sacarle las pilas al control remoto y guardarlas en alguna gaveta de la cocina, o llegar y dejar nuestro dispositivo móvil sobre una repisa muy lejos de nosotros.

De esta forma, cuando nos sentemos en el sofá y no sepamos qué hacer, ya no tendremos la opción de comenzar a perder tiempo con tanta facilidad. Más bien, tendremos que invertir algunos segundos y esfuerzo para hacerlo, lo que nos dará más tiempo para pensar si realmente queremos enfocarnos en alguna de esas cosas.

Ahora bien, si a eso le agregamos la posibilidad de acercar algún libro al sofá, no será extraño que consideremos la opción de leer unos capítulos solo porque tenemos que invertir muy poco esfuerzo para dar inicio a dicha actividad.

Parecido a lo que ocurre cuando vamos al dentista y nos encontramos con una montaña de revistas viejas. De seguro, leerlas no forma parte de lo que te gusta hacer, de lo que te divierte ni de lo que consideras productivo; "pero están ahí", simplemente lo hacemos.

Con una lógica similar podemos liberar todos los obstáculos que nos alejan de las actividades que nos cuesta hacer y colocarlos en nuestras actividades improductivas favoritas.

Hay algunos ejemplos, muchos de ellos demasiado extremos que fui implementando a lo largo de mi vida, pero que me dieron muchísimos resultados.

Uno de ellos fue vivir solo en residencias donde no tenía acceso a internet. De esa forma, cada vez que llegaba a mi hogar me aburría muchísimo, y eso me impulsaba a hacer otro tipo de cosas.

En esos dos años que viví sin internet, saqué notas sobresalientes en la universidad, conocí más de quince museos, leí más de cincuenta libros, asistí periódicamente a grupos en los que hablaban inglés y a otros en los que jugaban juegos de mesa.

Fueron los dos años más productivos de mi vida y, paradójicamente, también los años en que cedí una de las herramientas más importantes para el desarrollo de mi vida.

Por supuesto que seguía teniendo acceso a internet, pero solo en la universidad, de modo que tenía la posibilidad de caminar hasta allá para realizar mis trabajos prácticos e imprimir material. Pero a la hora de hacer actividades recreativas tenía que ingeniármelas. El internet no era una opción.

Esta forma de vivir sin contar con conexión a internet ni televisión en casa la implementé a lo largo de un año y medio en el que viví en residencias y los primeros meses en que me mudé a un departamento con mi pareja. Si bien ella comprendió que no me hacían bien las distracciones, pasado medio año me convenció de que la conexión a internet sí era necesaria. Así que accedí a que contratemos nuevamente el servicio siempre y cuando no tengamos televisión en casa (una medida a la que sí accedió y sigue vigente hasta el momento).

Ahora que trabajo y estudio desde la comodidad de mi hogar, utilizando una computadora, soy consciente de que podría convertirse de un momento a otro en una herramienta para procrastinar. Por lo que he ido empleando nuevas técnicas de autorregulación que me permiten enfocarme al cien por ciento en mi trabajo, haciendo que prácticamente me olvidara de las páginas web que me consumían mucho tiempo.

Pequeños obstáculos

La mejor forma que encontré para no caer en la tentación de revisar redes sociales mientras trabajo fue crear dos usuarios diferentes en la computadora: el primero de ellos, enfocado en el trabajo. Con él tengo acceso a las herramientas necesarias para redactar noticias, buscar información y no mucho más.

Incluso bloqueé redes sociales y algunas páginas informativas que leo por las mañanas. Saqué todo, personalicé el usuario con *wallpapers* inspiradores. Yo sé que ese usuario está creado pura y exclusivamente para trabajar.

Por otro lado, si quiero distraerme por unos minutos, entrar a las noticias o revisar redes sociales, tengo que cerrar sesión y abrir el usuario creado con fines más recreativos.

Hacer esto de cambiar de usuario no es algo que lleve más de cincuenta segundos, pero esos cincuenta segundos son mucho más molestos que los tres segundos que demoraría en abrir Instagram o Facebook desde el explorador que uso para trabajar. Básicamente, me da el tiempo necesario para pensar si realmente necesito o quiero ingresar a mis redes sociales.

Con el pasar de los meses te acostumbrarás a no perder el tiempo y la tentación simplemente desaparece.

Conclusión

Como se habrán dado cuenta a lo largo de este libro, no soy un psicólogo, no soy rico ni dirijo una compañía que se cotiza en millones de dólares en el extranjero; pero sí soy un soñador, una persona que vivió toda su vida lleno de ambiciones y tiene la voluntad necesaria para perseguir cada uno de sus sueños, por más lejanos y absurdos que parezcan.

Me encantaría decirles que perseguir mis sueños ha sido una experiencia llena de triunfos y que nunca dudé que sería capaz de cumplir mis objetivos. La verdad es que mi camino fue constantemente asediado por millones de distracciones que me hicieron creer que mi existencia no valía nada y que jamás sería más que un vicioso, pues me pasaba días completos jugando juegos en línea sin la voluntad suficiente como para concretar un proyecto.

Sufrí centenares de veces por culpa de la procrastinación y cada vez que me acostaba sentía una profunda depresión pensando en todo lo que no había hecho. Pasaba largas horas despierto pensando en que tenía que recuperar las riendas de mi vida y programaba un gran número de actividades para la mañana siguiente, pero nuevamente caía en una trampa que tenía el potencial de robarme meses completos.

Si hay algo en mi camino que sí valoro y quiero compartir con ustedes, es que siempre que toqué fondo tuve el valor de reconocer el problema y de ir hasta las últimas consecuencias para seguir adelante y superar el obstáculo que no me dejaba avanzar en la búsqueda de mis sueños.

Para terminar la primera de mis carreras universitarias, opté por apagar mi dispositivo móvil y guardarlo en un cajón del que no salió en los dos años siguientes. Aún recuerdo que mis amigos se reían porque era la única persona que seguía llamándolos al teléfono fijo de su casa, o que iba a visitarlos sin preguntar, tocando el timbre.

Si contamos los dos años en los que viví sin dispositivo móvil y le sumamos los dos en los que pasé sin conexión a internet, serían cuatro años en los que tuve que alejarme y ceder las comodidades que nos ofrece el siglo XXI solo porque no sabía manejar un problema.

Probablemente lo vi como una solución en su momento, pero nada más estaba tapando el sol con la mano. Tarde o temprano la tecnología iba a formar parte de mi vida y nuevamente me iba a recordar que el cambio tenía que darse dentro de mí. Por más que parezca fácil, no podemos escapar de nuestras debilidades para siempre.

Comencé a implementar cada una de las estrategias que les mencioné en este libro, y cada una de ellas daba resultado. Por supuesto, funcionaban, pero sin fórmulas mágicas. Cada vez que implementé la técnica de pomodoro, conseguí cumplir con mis objetivos. Cada vez que le conté a mi *accountability buddy* sobre mis proyectos, fui capaz de dar el cien por ciento de mí para llevarlo adelante.

Logré construir hábitos muy saludables, aprendí a despertar temprano y cumplir con mis obligaciones antes del mediodía. Pero cada día tengo que recordarme a mí mismo en qué persona quiero convertirme, y seducirme con salidas y campamentos para poder mantenerme en el sendero de la productividad.

Todavía no tengo la fortaleza necesaria para tener instalados videojuegos en mi computadora y no pasar días completos perdiendo el tiempo en ellos. Pero sí tengo la sensatez de elegir no tenerlos.

No les garantizo que con estas estrategias nunca más vayan a procrastinar. Ni siquiera puedo garantizarles que yo mismo no siga procrastinando eventualmente.

Lo que sí sé es que hace algunos años mi vida era un desastre, sin ningún rumbo fijo definido, y que cada vez soy más consciente de lo que quiero conseguir en esta vida, del camino que tengo que trazar para poder lograrlo. Pero, lo más importante, también aprendí a reconocer las cosas que me alejan de ese objetivo.

Espero que este libro les permita identificar si es que ustedes mismos están procrastinando. Y que de entre todas las estrategias que les compartí haya alguna o varias que les brinden ese empujón necesario para que puedan minimizar estos problemas y logren aportar más horas a la productividad. Así llegarán a convertirse en las personas que siempre quisieron ser.

Gracias por descargar este libro electrónico. El copyright es propiedad exclusiva del autor. No se permite su reproducción, copiado ni distribución ya sea con fines comerciales o sin ánimos de lucro.

Si este manual te fue de utilidad, te agradecería muchísimo si lo calificaras en Amazon. Tu apoyo me sirve para seguir escribiendo.

Obtén GRATIS en tu correo un *e–book* de tu elección.

Califica este libro en Amazon y manda la captura de pantalla o foto de tu calificación al siguiente correo: cybersapiensmail@gmail.com ¡Es todo! En menos de dos días recibirás en tu correo una lista de *e–books* de la que podrás escoger uno para que te sea enviado TOTALMENTE GRATIS.

www.ingramcontent.com/pod-product-compliance
Lightning Source LLC
Chambersburg PA
CBHW070457220526
45466CB00004B/1861